ALCORAN RÉPUBLICAIN,

OU

INSTITUTIONS FONDAMENTALES

Du Gouvernement Populaire ou *légitime*,

Pour L'ADMINISTRATION, L'ÉDUCATION, LE MARIAGE et LA RELIGION.

Par l'Auteur de la Communauté Philosophe du Réglement d'Éducation Nationale et de Généralif.

» Je dirois de mon projet fondé sur ces principes immuables, comme Mahomet de son institution, l'*Alcoran ou la mort*; mais le Ciel pour mon bonheur et la paix des autres, m'a préservé d'une passion tyrannique; les lois de la sagesse ne doivent séduire que par leurs propres charmes.

Communauté Philosophe. Ed. 1779.

A GENERALIF,

Maison Patriarchale et Champêtre.

An IIIe

Fragment d'une Lettre de l'Auteur à Mirabeau.

Les Législateurs doivent rendre le bonheur si aisé à tous les hommes, qu'ils y soient plutôt conduits par le train de vie que les loix doivent établir, que par la simple déclaration de leurs dispositions, et moins encore par leur réflexion.

Souffrez à cet égard que je vous prie de voir si la multiplication de la *Maison de Réunion de la Communauté Phylosophe*, soit pour la classe rustique de la société, ou pour la classe riche, ne cadreroit avec l'ordre politique et leurs objets principaux, la paix générale et la liberté individuelle.

» Tranquillité, Douceur, Plaisir, Contentement ! O Pope ! ô Morus ! ô Mabli ! ô Mirabeau !

Je ne crois pas avoir besoin de vous recommander, Monsieur, une constitution pareille à celle de Sparte, que l'Oracle mit au rang suprême ; mais j'aurai d'autant plus de droit à vous en rappeller une semblable, qui existe au milieu de nous, malgré la corruption de nos mœurs publiques, qu'elle m'a prié de mettre son institution sous les auspices du Gouvernement. C'est la seule association actuelle d'hommes qui ait mérité des regards de complaisance et des éloges de l'Ami des Hommes, le premier des régénérateurs de la Nation. Elle vous a intéressé aussi, sans doute, à ce que je compris dans notre courte entrevue, par les diverses lettres que vous aviez vu qu'elle m'écrivoit.

LETTRE DE MIRABEAU

A Sophie Ruffei de Monier, dans l'esprit de ces Institutions.

Du Donjon de Vincennes, 19 Juin 1780.
(*Lett. orig.* T. IV.)

» Je vais te faire un cadeau à toi qui n'as pas de goûts frivoles. C'est de te donner une notice d'un plan manuscrit de législation pour la Pologne par J. J. Rousseau. Ce grand homme retiré dans sa vieillesse du commerce de tous les hommes, et même du commerce de son génie, des Polonois sont venus lui demander un plan de législation dans sa solitude. Toute son ame et tout son génie se sont ranimés pour répondre dignement à cette demande. Cet ouvrage m'a paru aussi beau que les plus belles productions du même Auteur. Mais quel caractere étranger à nos mœurs et à nos idées! On croiroit que le Philosophe sort d'un entretien avec Numa dans les forêts des Sabins, ou avec Licurgue sur le Taigete. Le premier conseil qu'il donne aux Polonois, c'est de rompre presque toute communication avec le reste de l'Europe. Il ne veut point pour cela de rempart semblable à celui qui a été si inutile pour séparer le Chinoi du Tartare; il veut que ce soit le caractere national qui éleve cette barriere. Mais comment le former ce caractere national? *Par des jeux d'enfans*, répond le grand homme, par des cérémonies publiques, majestueuses et touchantes, par des Gymnases (*), par des fêtes. Deux Législateurs de l'antiquité ont imprimé ainsi l'image de leurs ames et de leur caractere dans les hommes qui ont reçu leurs lois Licurgue et Numa: et il est encore aujourd'hui des hommes qui portent ces images sacrés dans leurs caracteres et dans leurs ames. Des Spartiates devenus sauvages vivent encore libres aujourd'hui sur les montagnes de la Laconie, d'où ils insultent au despotisme du Grand Turc; et sous la domination du Pape, les Transteverins montrent souvent le caractere de ce Peuple Romain qui regnoit dans les comices. *Imitez ces Législateurs*

(*) Lieux d'*éducation en exercices.*

et leurs institutions, dit Rousseau à la Pologne. Faites-vous des spectacles nationaux et des fêtes qui vous dégoûtent à jamais du bonheur des autres peuples ; faites en sorte qu'il vous soit impossible d'être autre chose que des Polonois, et vous le serez pour l'Eternité. Des voisins plus puissans pourront vous vaincre, ils ne pourront vous conquérir ; les Russes pourront vous *engloutir*, ils ne pourront vous *digérer*. En les séparant ainsi de toute la terre, ce nouveau Licurgue semble en effet préparer aux Polonois un bonheur qui ne s'est jamais trouvé parmi les hommes : des mœurs et presque point de lois. La raison pour le premier code des Magistrats ; *des citoyens qui soient tous Législateurs, pour qu'il n'y en ait aucun d'esclave;* des laboureurs se rendant dignes d'être au besoin les défenseurs de la Patrie, par des exercices et des fêtes militaires, qui seront le délassement de leurs travaux rustiques ; les récompenses toutes en honneur, aucune en argent. L'argent proscrit, comme faisant circuler les vices et les crimes avec plus de rapidité encore que les richesses ; tous les rangs également accessibles à tous les Citoyens qui les rempliront successivement, en croissant par degrés en vertus et en talens, comme en grandeur ; le trône même rempli par des Citoyens qui auroient appris dans tous les états qu'ils auroient parcourus, les besoins et les devoirs de tous les états ; le bonheur enfin toujours modéré, parce qu'il s'use lorsqu'il est trop vif, et que l'homme trouve bientôt l'ennui et les dégoûts dans les voluptés immodérées...... Tel est le tableau du gouvernement que le citoyen de Geneve vouloit donner à la Pologne. Il a bien prévu qu'on lui diroit qu'il n'y a pas un grand mérite à renouveller les romans politiques de Platon ; qu'on essuyeroit de le combattre par le ridicule, parce que le ridicule est l'unique ressource des esprits foibles, contre tout ce qui porte le caractere de la grandeur et de la force ; qu'on lui opposeroit le goût de tous les peuples modernes pour les jouissances du luxe et la corruption de leurs mœurs, pour lui prouver qu'il faut leur laisser leur luxe et leurs mœurs corrompues : c'est en combattant ces objections qu'il déploie cette éloquence invincible qui triomphe souvent de nos dégoûts ou de notre effroi pour les mœurs antiques ; ou qu'il fait voir cette souplesse d'esprit qui apperçoit les moyens de se servir de nos vices mêmes, pour nous conduire par degrés aux vertus que nous n'osons plus envisager. On oppose toujours les passions des hommes comme un obstacle invincible à toutes les réformes ; et l'on ne voit pas que pour celui qui sait les manier, elles sont aussi les moyens les plus sûrs et les plus puissans ; on peut s'en servir même pour les détruire toutes ; et s'il y eut jamais un véritable Stoïcien, son stoïcisme a été l'ouvrage de ses passions. »

» J'ai cru te faire plaisir, mon aimable amie, en te donnant cette foible idée de ce bel ouvrage. C'est moi qui t'ai donné ton enthousiasme pour Rousseau, et je ne m'en répens pas. Ce ne sont point ses grands talens que j'envierois à cet homme extraordinaire, mais sa vertu, qui fut la source de son éloquence et l'ame de ses ouvrages. »

AVEZ-VOUS LU LE VAUBLANC?

Question universelle actuellement à Paris sur le projet de Constitution attribué à Vaublanc, et présenté par le député BRESSON.

OBSERVATION.

» Si les peres battent les enfans chez nous, c'est qu'ils ne les aiment pas; s'ils les mettent en nourrice dès qu'ils sont venus au monde, c'est qu'ils ne les aiment pas; s'ils les envoient, dès qu'ils grandissent, dans des pensions et des collèges, c'est qu'ils ne les aiment pas; *s'ils leur procurent des états hors de leur état et DE LEUR PROVINCE*, c'est qu'ils ne les aiment pas, dit Bernardin de St. Pierre.

Des institutions véritables doivent donc faire trouver autour de soi à chaque Citoyen tout ce qui est nécessaire à l'exercice de ses droits. L'INSTRUCTION, LE CONSEIL, LE PLAISIR ET LA RELIGION.

Pour

EXTRAIT DU Ier. VOL. DES DIALOGUES DE VOLTAIRE.

Des trois Gouvernemens et des Erreurs anciennes.

» J'aimois à voir des hommes libres faire eux-mêmes les loix sous lesquelles ils vivent, comme ils ont [illegible] leurs habitations. C'est un plaisir pour moi que mon charpentier, mon forgeron, qui m'ont aidé à bâtir mon logement, mon voisin l'agriculteur et mon ami le manufacturier s'élevent tous au-dessus de leur métier, et connoissent mieux l'intérêt public que le plus insolent Chiaoux de Turquie. Aucun laboureur, aucun artisan dans une Démocratie n'a la vexation et le mépris à redouter.

Etre libre, ne voir que des égaux, est la vraie vie, la vie naturelle de l'homme; tout autre est un indigne artifice, une mauvaise comédie, où l'on joue le personnage de maître, l'autre d'esclave, l'autre d'entremetteur.

Les hommes ne peuvent être décendus de l'état naturel que par lâcheté et par bêtise.

Plus les Lois de Convention se rapprochent de la Loi naturelle, et plus la vie est supportable.

Ceux qui inventeront les arts (ce qui est un grand don de DIEU,) ceux qui proposeront des Loix, ce qui est infiniment plus aisé, seront ceux qui auront le mieux obéi à la Loi naturelle; donc plus les arts seront cultivés et les propriétés assurées, plus la Loi Naturelle [illegible] en effet observée.

Une abeille qui ne feroit ni miel, ni cire, une hirondelle qui ne feroit pas son nid, une poule qui ne pondroit jamais, corromproient leur loi naturelle, qui est leur instinct. Des hommes insociables corrompent l'instinct [illegible] nature humaine.

Point de liberté chez les hommes, sans celle d'expliquer sa pensée.

Si j'étois né dans Rome moderne, j'aurois dressé un autel à *Ciceron* et à *Tacite*, gens de Rome l'ancienne; je serois monté sur cet autel, et le chapeau de B[illegible] sur la tête et son poignard à la main, j'aurois rappellé le Peuple aux droits naturels qu'il a perdus; j'aurois [illegible] le tribunal comme fit *Nicolas Rienzi.*

A. Vous parlez toujours en véritable Anglais.

B. En homme, et comme tous les hommes parleroient s'ils osoient. Voulez-vous que je vous dise qui est le [illegible] grand défaut du genre humain?

A. Vous me feriez plaisir, j'aime à connoître mon [illegible]

B. Ce défaut [illegible] être *[illegible]* [illegible].

ALCORAN RÉPUBLICAIN

OU

INSTITUTIONS FONDAMENTALES

Du Gouvernement Populaire ou *légitime*.

Première Institution.

L'Administration.

[» Le Peuple Anglais pense être libre ; il se trompe fort ; il ne l'est que durant l'élection des membres du Parlement. Sitôt qu'ils sont élus, il est esclave ; il n'est rien. Dans les cours momens de sa liberté, l'usage qu'il en fait mérite bien qu'il la perde.

Contrat social, ch. 15.]

LA plupart des hommes, dit Ciceron, perdent de vue la justice, lorsque l'ambition les domine : le partage du suprême pouvoir est toujours infidèle ; toute puissance fait naître des rivalités ; avec cela il est bien difficile que la société soit intègre, chacun voulant, comme César, pour arriver à la suprême élévation, changer la face de l'Etat, et renverser toutes les loix divines et humaines.

Ainsi le problême le plus important à résoudre pour le Salut Public, est de trouver une *administration* la plus indépendante des pouvoirs particuliers; car, comme disoit La-Boëtie touchant *la Servitude volontaire* : Si la puissance d'un seul, dès-lors qu'il prend ce titre de maître, est dure et déraisonnable, de même la domination de plusieurs ne peut être bonne.

Un seul craint à la vérité quelquefois de mal faire, mais plusieurs ne le craignent jamais. Il n'y a donc à choisir que le gouvernement de tous, qui est la voix de Dieu comme le tribunal de la nature, quand il en reconnoît les Lois et qu'il les observe.

Voilà pourquoi Rousseau disoit : sitôt que le Service Public cesse d'être la principale affaire des Citoyens, et qu'ils aiment mieux se servir de leur bourse que de leur personne, l'Etat est déja près de sa ruine. Faut-il marcher au combat, ils payent des troupes et restent chez eux. A force de paresse et d'argent, ils ont enfin des soldats pour asservir la patrie, et des Représentans pour la vendre.

Il est donc vrai que le règne seul de la Loi par l'agence immédiate du peuple entier dans des sociétés correspondantes par un moyen prompt et sûr, est le plus franc et le plus desirable ; j'en atteste l'institution des Sections à leur commencement dans la généralité de la République.

Alors les mains et les yeux de tous les Citoyens attachés à la manœuvre des affaires, forment vraiment un corps politique et une seule ame ; car le peuple ne se trompe jamais sur ses vrais intérêts : ce ne sont que ses mandataires qui s'égarent et qui cherchent à l'égaror, ce qui ne peut arriver quand tous les yeux sont ouverts, et qu'on ne veut plus de despotisme, ni de fanatisme, ni d'ambition, ni d'intrigue, ni de fripons politiques : ce qui ne pourra être qu'après l'Etablissement Constitutionnel de ces Institutions de la part de la Convention actuelle, qui est assez persuadée que tout autre Gouvernement n'est propre qu'à exposer la Nation à l'esclavage et à des calamités infinies.

La sollicitude générale du peuple que je réclame, comme le seul Gouvernement équitable et sûr, n'a rien qui doive étonner. Dans un Etat bien constitué, dit *Rousseau*, plus les affaires publiques l'emportent sur les privées dans l'esprit des Citoyens, plus il y a même moins d'affaires privées; parce que la somme du bonheur commun fournissant une portion plus considérable à celui de chaque individu, il lui en reste moins à chercher dans les soins particuliers. *Vil esclave, est-ce cela que je te demande*, repartit la mere Lacédemonienne au Soldat à qui elle demandoit des nouvelles de l'Armée, et qui lui répondoit que ces cinq fils y avoient péri ?

L'Auteur du Contrat Social disoit qu'il feroit voir comment on peut réunir la puissance extérieure d'un grand Peuple, avec la police aisée et le bon ordre d'un petit Etat, mais il s'excuse à la fin de l'ouvrage de n'être pas allé plus loin faute de vüe. Puisque sa noble destinée, avec sa raison sublime, n'étoit que de démontrer les principes élevés de la vérité, sans s'arrêter aux moyens de leur exécution, de même qu'il a fait dans son livre *De l'Education*, où il avoue expressément que sa méthode pourra être fausse, quoique ses principes soient immuablement vrais, je remplirai sa tâche, quant à l'*Administration*, comme j'ai fait pour l'Education, n'ayant proposé pourtant que la méthode simple et naturelle par laquelle il avoit été élevé lui-même, et qu'il avoit manqué d'appliquer à son *Emile*. Il n'est donc pas merveilleux que dans cette Institution d'Administration, je prétende aussi élever un édifice solide, en bâtissant sur les fondemens qu'il a jettés.

Mon moyen d'administration, pour être infaillible, doit être méchanique comme l'ordre de l'univers, l'esprit qui anime la matière devant s'en aider, puisqu'il est lié avec elle.

Quant aux lois à former encore pour la République; quant aux affaires et aux comptes à tenir, ou aux jugemens à rendre, l'exécution de tout cela seroit aisée par l'Imprimerie et la Poste, deux moyens anciennement inconnus, pour la circulation des tableaux particuliers et généraux, distribués et disposés pour ces diverses opérations du Gouvernement.

Ces Tableaux Méchaniques rendraient ce travail aussi prompt qu'agréable et sans frais pour la République à chaque Citoyen qui en seroit chargé à tour de rôle et pour peu de jours seulement dans l'année, conditions indispensables d'une fonction publique pour la parfaite liberté de ceux qui l'exercent, et pour la sûreté parfaite de celle des autres.

Par cette méthode, les vœux de toutes les Communes de la République divisées en Sections Urbaines et Rustiques, formeroient le plus veritablement le complément du code de nos Lois, ou la réformation de celles émanées d'une partie tyrannique de notre représentation. Les sections seroient aussi mieux en état de juger les différends de leurs habitans que des Juges d'un Canton éloigné. A l'égard des affaires de finances, elles seroient également mieux connues et surveillées par les sociétés particulieres de chaque commune; et les comptes plus fidèlement rendus que pardevant des Administrateurs d'un autre pays, et sur-tout, (selon l'usage) hors la vue du public et des particuliers qu'ils regardent.

Il faut nécessairement que les comptes publics soient ainsi à l'abri de toute fraude pour être exempts d'injustice. Ainsi la plus belle des Lois est celle qui prévient le crime; car la prudence doit marcher avant la justice et rendre la force même inutile. Il faut enfin pour la Liberté qui préside à ces vertus, que chaque Citoyen puisse voir d'un coup-d'œil dans ces Tableaux Patriotiques, formant le vrai Mercure de France de chaque mois, le fruit de son propre travail avec celui de ses Concitoyens comme le grand Roi, mais le misérable Frederic, voyoit dans des tableaux pareils celui de tous les Agens de son royaume, avec le sien au-dessus des forces d'un mortel.

Ce dessein frappa le chef aristocrate d'une de

nos dernieres malheureuses sections, que ses pareils cherchoient à dominer pour détourner le Peuple de la fraternité humaine. En m'écoutant, son ame corrompue chancela entre l'amour de l'humanité et celui de ses ennemis. Je le sentis à travers même son grand extérieur patriote et les sincères éloges, qu'à ma premiere ouverture il m'avoit prodigués : tellement que j'eus la franchise de lui dire enfin ma pensée, en me jettant à ses genoux pour lui demander pardon de l'injure de mon soupçon ; car j'étois désolé que mon projet d'union et d'ordre parfaits ne s'exécutât point par la perfidie de cet homme que je devinai si bien, puisqu'il est aujourd'hui très-bien venu à la Cour de Naples.

Pour opérer donc l'Administration générale et particuliere de la République, aussi aisément qu'économiquement, et avec autant d'exactitude et d'équité, faire se repentir enfin, et rougir ceux qui ont eu ou qui auroient à jamais la folie, la cupidité ou l'orgueil de se charger seuls des rênes d'un état ; il faudroit d'abord, pour les objets de recette et de dépense, des tableaux imprimés, tous formés pour ces deux articles, distribués à toutes les Communes ; sur lesquels elles n'auroient qu'à mettre les noms et les contributions de chaque citoyen ; ou les especes d'ouvrages, leurs agens et leurs prix. Ces tableaux étant remplis, seroient vérifiés par les Sociétés de chaque Commune, et seroient de suite réimprimés pour servir de monument, et être authentiqués par là auprès des délégués des districts pour les recueillir.

Ces délégués en composeroient un tableau des résultats, pour figurer dans le tableau général du département, qui, joint enfin avec ceux de tous les autres de la république, l'en rendroit universellement juge et témoin.

Dans le même dessein, il y auroit des tableaux généraux aussi imprimés pour la partie des délibérations des sociétés populaires de chaque district, généralisés aussi par département, et recueils de tous ceux de la république, pour représenter la majorité des voix des citoyens pour la promulgation des lois, l'entreprise des expéditions, ou pour celle des ouvrages nationaux.

Ainsi, la nation surveilleroit elle-même la recette et l'emploi de ses contributions, et exprimeroit le plus infailliblement son vœu général et souverain. Sans cela, point de République, point de démocratie, point d'égalité, de justice, d'humanité, ni de liberté.

Ce seul moyen méchanique peut aider nos facultés intellectuelles, et soutenir notre vertu si-

foible par notre éducation. Lui seul pourroit rendre l'administration facile à un peuple vertueux; et que seroit-ce pour nous élevés par le crime pour la stupidité, et qui n'avons qu'une étincelle de vertu!

Les motions faites par les citoyens, dans les sociétés populaires, y étant délibérées, seroient de-là envoyées à chacune des sociétés de leur district, afin que dans la huitaine, elles fussent délibérées par toutes celles de ses communes, et sur la majorité des voix; les délégués du district qui les recevroient, les feroient passer tout de suite aux autres districts, et ceux-ci, huit jours après, à leur département, qui de suite les feroit passer en même tems aux autres par la voie du bulletin, afin que dans quinze jours, ils pussent recevoir, de la même maniere que je viens de dire, pour un département, le vœu de toutes les communes de la république, et l'envoyer de suite aux délégués généraux, pour en faire le dernier tableau sommaire, pour que chaque société pût y reconnoître la vérité de son vœu, ou celle de son compte, rendu par elle-même à la nation entiere.

C'est ainsi que s'assemblent les douves d'un tonneau, et que se forme l'engrenage des roues d'une machine. Ce n'est que par ce moyen méchanique qu'on peut espérer l'exactitude et la fidélité dans les fonctions de l'administration publique. De même Milton dit, que l'Etre-Suprême pour établir l'ordre admirable de l'univers entre les pieces brutes qui le composent, prénant son compas d'or, s'avança dans le cahos pour y tracer la route des astres, faire briller la création, et maintenir toutes les choses dans le juste tempérament qui leur convient.

Mon fourbe d'aristocrate, qui auroit été pourtant le plus propre à seconder mes vues par la perspicacité reconnue de son esprit et par son habileté, me disoit, au sujet du vaste, mais nécessaire méchanisme de mon plan, comme Rousseau même dans le Contrat Social : *où le droit et la liberté sont toutes choses, les inconvéniens ne sont rien ; d'ailleurs, toute condition imposée à chacun par tous, ne peut être onéreuse à personne ; car la pire des lois vaut mieux encore que le pire des maîtres : le maître ayant des préférences, et la loi n'en ayant point.*

Ce régime est le plus conforme à ces *Droits de l'Homme* : que la garantie sociale consiste dans l'action de tous, pour assurer à chacun la jouissance et la conservation de ses droits : — que cette garantie repose sur la souveraineté nationale : — que la souveraineté réside dans le peuple : —

qu'elle est une, et indivisible, imprescriptible et inaliénable : — qu'aucune portion du peuple ne peut exercer la puissance du peuple entier : — et qu'enfin, chaque Section assemblée doit jouir du droit d'exprimer sa volonté avec une entiere liberté.

Cette pure jouissance de la liberté, conforme à la Divine Morale, *point de maître parmi vous*, existe le plus parfaitement dans ce plan d'administration. Tous les citoyens y concourent à faire le bien voté par tous : ils n'ont rien autre à faire qu'à le noter, à le pratiquer, et à en jouir. Délivrés de tous les embarras ordinaires du gouvernement, de ses inconvéniens, de ses frais et de ses peines énormes, de plus sans qu'aucun pere de famille se déplace.

A ces avantages particuliers à la nation, s'en joignent deux autres pour le bonheur du genre humain entier, l'Exemple et l'Admiration, Fondemens de la plus solide Amitié entre les Mortels :

» C'est ce Langage invisible
Dans des vrais Législateurs,
Qui fait la Regle infaillible
Des Peuples Imitateurs. »

J. B. R.

[» *De quelque splendeur que nos yeux soient éblouis, de quelque mots sonores que nos oreilles soient chatouillées, quelque préjugé qui égare nos desirs, quelque intérêt qui obscurcisse notre jugement, la simple voix de la nature et de la raison proclamera la justice de ces apperçus. »*]

THOMAS PAYNE, Membre de la Convention.

F I N

De la I.re Institution présentée au Département des Bouches du Rhône, à la Convention et à la Commission des Onze.

IL y a une dépendance et une liaison naturelles entre toutes les Institutions sociales. J'ai évité par celle *d'Administration*, Gouvernement populaire méchanique, que les peres fussent séparés de leurs enfans par les places éloignées et durables de l'Administration, preuves de leur sytême opposé à celui de la nature, et indice de la corruption des mœurs générales. Il me reste donc à rendre praticable aux peres de famille l'Éducation domestique qui est si naturelle ; car si les peres qui envoyent leurs enfans dans des colleges et des pensions, et leur procurent ensuite des places hors de leur pays et de leur province ne les aiment pas, comme dit l'Auteur des Études de la Nature, les Législateurs qui par des Constitutions dénaturées, operent la même séparation des peres d'avec leurs enfans, n'aiment pas d'avantage ces premiers, et il faut leur appliquer ce que dit le citoyen de Saintpierre de cette *Apathie paternelle* qu'elle tient au désordre de nos mœurs, qui a detruit parmi nous tous les sentimens de la nature.

Sur le principe de l'enchaînement des Intitutions Sociales j'aurois dû faire suivre à celle de l'Administration publique celle du Mariage, composition des membres de la societé, et la faire précéder à celle de l'Éducation des enfans ; mais fondant le mariage sur un juste amour entre les deux sexes, et sur une identité de principes éloignée des bizarres manieres, par lesquelles nous avons été élévés, j'ai jugé plus à propos de destiner préferablement à nous, nos enfans à cette heureuse Institution dont ils seront plus dignes par celle de l'Éducation que je leur ai préparée.

Sans cette Institution du Mariage et les autres que j'établis comme fondamentales de l'Ordre social, il ne peut y avoir de bonheur durable ou de félicité dans la vie, mais pour moi j'espere, quelle que soit la décision de la Convention sur leur compte, de les suivre dans ma retraite (*) avec ma famille, que je regarderai comme une petite république concentrée et même comme tout l'Univers, ainsi que se disoit Tibulle.

Aux solitaires lieux, sois un Monde à toi même.

(*) Généralif, Maison patriarchale et champêtre. Voyez cette description, et sa vue romantiques avec la Communauté Philosophe dont elles sont le diminutif.

ALCORAN RÉPUBLICAIN,

OU

INSTITUTIONS FONDAMENTALES

Du Gouvernement populaire, ou *légitime*.

Seconde Institution.

L'Éducation.

[» Rousseau avoit écrit son Émile, le livre le plus parfait qui soit sorti de la main des hommes, et dont la publication place incontestablement son auteur au rang des premiers bienfaiteurs de l'humanité. Cet ouvrage sublime fut en Allemagne un flambeau pour l'ame d'un homme orné de diverses connoissances, doué d'un esprit ardent et profond, brûlant du desir d'être utile. Il répandit sur l'instruction et sur l'éducation de vives lumieres; *il montra qu'il ne falloit pas se contenter d'enseigner des mots aux enfans; qu'on pouvoit mettre des choses à leur place.*

MIRABEAU, monarch. pruss.]

NON, si la nature a donné au cerveau des enfans, dit Rousseau, cette souplesse qui le rend propre à recevoir toute sorte d'impressions, ce n'est pas pour qu'on y grave des noms de rois, des dates, des termes de blazon, de sphère, de géographie et tous ces mots sans aucun sens pour leur âge et sans aucune utilité pour quelqu'âge que ce soit, dont on accable leur triste et stérile enfance ; mais c'est pour que toutes les idées relatives à l'état de l'homme, toutes celles qui se rapportent à son bonheur et l'éclairent sur ses devoirs, s'y retracent de bonne heure en caracteres ineffaçables, et lui servent à se conduire pendant sa vie d'une maniere convenable à son être et à ses facultés.

Sans étudier dans les livres, la mémoire d'un enfant ne reste pas pour cela oisive : tout ce qu'il voit, tout ce qu'il entend le frappe, et il s'en souvient : il tient registre en lui-même des actions, des discours des hommes, et tout ce qui l'environne est le livre dans lequel, sans y songer, il enrichit continuellement sa mémoire, en attendant que son jugement puisse en profiter. *C'est dans le choix de ces objets, c'est dans le soin de lui présenter sans cesse ceux qu'il doit connoître et de lui cacher ceux qu'il doit ignorer, que consiste le véritable art de cultiver la premiere de ses facultés, ET C'EST PAR LA QU'IL FAUT TACHER DE LUI FORMER UN MAGASIN DE CONNOISSANCES QUI SERVE A SON ÉDUCATION durant la jeunesse et à sa conduite dans tous les temps*. Cette méthode, il est vrai, ne forme point de petits prodiges, et ne fait pas briller les gouvernantes ni les précepteurs ; mais elle forme des hommes judicieux, robustes, sains de corps et d'entendement, qui, sans s'être fait admirer étant jeunes, se font honorer étant grands.

Ne pensez pas cependant, ajoute Rousseau, qu'il faille négliger tout à fait ces soins, dont on fait si grand cas. Une éducation intelligente tient dans ses mains les passions des enfans. Il y a des moyens pour exciter et nourrir en eux le desir d'apprendre ou de faire telle ou telle chose, *et autant que ces moyens peuvent se concilier avec la plus entiere liberté de l'enfant et n'engendrent en lui nulle semence de vice, il faut les employer*.

Ce sont ces moyens et le choix de ces objets véritables que je me flatte d'avoir présentés dans mon Réglement d'Education Nationale de la maniere la plus parfaite, au sentiment de Mirabeau lui-même qui me le témoigna de la maniere la plus vive, après et malgré les éloges sublimes qu'on a vu dans l'Epigraphe qu'il avoit donné à la méthode par estampes de Bazedow, l'Instituteur allemand ; parce que la mienne est réelle et en pratique, au lieu que la sienne n'est que dépeinte ; parce que la mienne est celle même de la nature dans les jeux qu'elle inspire aux enfans à l'imitation de tous les travaux des hommes pour leur en donner un goût agréable et permanent, méthode enfin qui est le véritable prélude de la vie, et qui doit l'être nécessairement de toute instruction pour lui donner un objet sensible et réel.

Le premier sujet de ce prélude dans mon plan comme dans le goût de l'homme et dans l'ordre des arts, c'est l'agriculture : aussi il exerce le premier l'imitation des plus petits enfans élevés sur le théatre même de la nature. Je veux donc dans mon institution des choses, d'abord des petits modeles des instrumens de cet art et de plans en relief et mobiles de toutes ses opérations suivant leurs exactes proportions ; ensuite un jardin disposé pour exécuter en réalité tous ses modeles, mieux encore que l'éleve de Condillac n'apprit les fortifications sur un pareil plan en relief que le Roi son ayeul lui avoit envoyé ; c'est par cette méthode que le jardin du petit Linné se transforma quand il fut grand en celui de la nature entière, et la simple horloge de Vaucanson enfant en toutes ses pieces de méchanique. C'est cette méthode que la tendre Pamela ou plutôt l'ingénieux Richardson vouloit employer dans le plan d'éducation de cette bonne mere pour rendre un jour ses enfans aussi bons ménagers qu'industrieux, et par lequel la *bonne Charlotte* a voulu essayer de faire de bons princes, des plus jeunes de ses fils, en les appliquant à la pratique entière de l'art qui nourrit l'homme.

L'économie domestique, intimement liée à l'économie champêtre, et ses détails étant les plus propres au développement des forces physiques et spirituelles des enfans, tient le second rang naturellement dans leurs jeux. C'est donc pour les favoriser avec les fruits qu'ils en doivent retirer un jour, que je veux leur donner à présent encore des modeles, premièrement de toute sorte d'architecture, ensuite de tous les meubles de ses édifices, afin d'aller, suivant l'ordre des idées, du général au particulier. Ainsi, après s'être exercés à des croquis mobiles de toutes les pieces qui composent une maison, un ménage, une digue ou une chaussée, un moulin, une pompe, un fort ou une église (*), ils s'exerceront

(*) Le mot Eglise signifiant assemblée de fideles, Jesus avoit raison de dire qu'elle seroit éternelle ; et la foi étant un des premiers sentimens de l'homme, on ne sauroit l'accoutumer de trop bonne heure aux actes qu'elle inspire : *la chapelle* étoit encore un de nos jeux, mais corrompu par la superstition. Ce sera donc le temple des *freres unis* de Zaazt que je donnerois à nos enfans pour modele d'Eglise et un petit cabinet arrangé ainsi pour faire leurs prieres proportionnées à l'accroissement de leur âge, et telles qu'on en trouvera dans mes extraits de la Bible.

mais, plus en grand, aux meubles et aux outils de ces habitations, de maniere à pouvoir être utiles à leur propre maison par le fruit de leurs essais. Ainsi ils rendront utiles des jeux que nos peres rendoient stériles, en les voyant avec dédain ou indifférence, et dont, s'ils nous donnoient quelquefois des modeles, ce n'étoit que pour nous accoutumer à les regarder avec légéreté.

Dans une maison, tous ses instrumens de l'éducation seroient déposés et rangés dans le meilleur ordre en une piece de la maison appropriée à ces jeux et uniquement consacrée à eux, la plus à portée, tant qu'il se pourroit, du jardin dont j'ai parlé.

Dans une école publique, cet attelier seroit à la tête d'un vaste enclos, où les jeux agricoles et artistes de ce plan (qui suffit à la demande perpétuelle des enfans, *que pouvons-nous faire ; et non pas que pouvons-nous apprendre ?* (*) se-

(*) En répondant suivant ma méthode à cette demande, je conserve ma liberté sans gêner celle des enfans ; je la violerois au contraire et j'enchaînerois la mienne, si je leur répondois comme les pédans avec des leçons ou avec des livres seulement. Accoutumés à la barbarie dès notre enfance et à l'insensibilité, le mot de jeu nous révolte pour nos propres enfans même ; cependant nous allons nous instruire de la morale à la Comédie. Ah ! nous aurions besoin d'y aller plus souvent que nous ne faisons pour devenir humains pour tous les âges et pour tous les états de la vie.

roient réglés en commun et présidés à tour de rôle chacun dans leur département par nos enfans, ainsi que chez ceux des Perses dans leurs jeux militaires, pour former un jour parmi nous d'aussi bons ménagers que ceux-là étoient des vaillans soldats.

Pour en venir à la connoissance intrinseque de tous les ouvrages et outils des arts utiles qui ont passé déja en revue devant nos enfans, je leur destine ensuite un cabinet de physique à côté de leur attelier, prélude de la vie ; fourni des croquis de pieces de méchanique, d'instrumens de mathématiques et de machines de physique, afin de leur montrer les effets de ces sciences, sources de tout ce qu'ils ont vu et expérimenté jusqu'ici et afin d'en comprendre plus aisément un jour les principes, au lieu de la méthode dogmatique et pédentesque qui veut montrer son savoir avant de montrer le savoir, et dire au lieu de faire, malgré le précepte de Rousseau, et notre propre expérience qui nous fait plus ressouvenir de ce que nous avons fait, que de ce qu'on nous a dit et enseigné.

Je veux que les enfans apprennent même à lire et à écrire par des faits d'un jeu et non par aucune leçon, en leur donnant à cette époque de mon Réglement les fiches du Quadrille de

Berthaud, qui enseignent à lire par écho et par figure. J'ai ajouté encore à cette méthode déja sensible, le moyen du tact afin de la rendre plus active et plus frappante, en gravant ses fiches sur cuivre et à jour pour les faire imprimer aux éleves avec le pinceau, et ensuite laver, afin qu'ils apprennent d'eux-mêmes en même-temps à lire, à écrire et à dessiner.

Outre les figures de cette méthode que les enfans se seront amusés à retracer, je veux y joindre pareillement toutes celles élémentaires du dessein, de la géométrie, de la musique, de l'arithmétique (*), de la tachigraphie, de la chorographie et de la géographie : car je veux, comme Montagne et Rousseau, mais mieux qu'eux, par ma méthode méchanique, *qu'ils fassent leurs leçons, au lieu qu'ils les sachent seulement*, et faire précéder le sensible de ces connoissances, pour en rendre l'intellectuel plus intelligible, en en montrant la pratique avant la théorie :

» Dessine en ton cerveau, c'est la premiere toile. »

(*) Il y a une Arithmétique géométrique et une autre calculatoire, comme une géométrie arithmétique, ainsi qu'une géographie en tableaux gravés à jour à former, qui doivent instruire les sens au lieu des savantes leçons des maîtres qui ne tendent qu'à donner de l'horreur pour ces sciences ; il en est de même de la musique, du dessin, de la danse, tout demande des préludes sans lesquels notre imagination est effarouchée.

Ainsi je veux que la musique s'apprenne toute sensiblement par imitation et non didactiquement, cela avec des serinettes, et la morale même dans des chansons morales ou avec des images de l'*héroïsme étranger et national*, ou par les belles estampes de Mariller, qui accompagneront ma Doctrine et Exemples de la Bible, dont j'ai fait un exercice méchanique de ses sublimes leçons, par mon projet de les faire buriner, pour servir à la fois de modeles de bonne écriture et de bonne vie. Cet exercice ne seroit pas indigne d'éleves d'un âge mûr qui ignoreroient encore, comme il n'est que trop commun, et les principes sacrés, et l'art divin de rendre leur écriture agréable ou au-moins lisible.

Après ce premier cours indispensable et bien naturel d'instruction physique et morale qui a jetté par l'expérience, le premier fondement des connoissances civiques, je termine mon *Réglement d'Éducation nationale* par une méthode non moins naturelle de perfectionnement des mêmes connoissances, je veux dire, par des lectures libres de leurs principes, les plus propres à faire volontairement étudier alors les arts pour lesquels les jeux de la premiere partie auront donné le goût le plus vif.

Ces deux simples moyens seuls nécessaires à

une parfaite éducation, soit publique ou domestique (celle-ci impraticable à jamais autrement sans eux) seront j'espere en France généralement employés dans les écoles primaires et centrales mêmes, si je dois m'appuyer sur les favorables augures que m'en ont donné Mirabeau, Mde. de Staal, Bernardin de Saint Pierre, Gerardin, et sur-tout la Commission Exécutrice de l'Instruction Publique. J'ose penser même que mon Réglement devroit passer pour le monument le plus glorieux à notre Nation, que la Convention a proposé de lui élever, parce qu'il est le plus propre à perpétuer sa vertu et sa gloire.

Par là j'aurois une fois bien mérité de la Patrie, et un autre encore, en facilitant l'établissement et l'exercice des écoles primaires : deux prix que la Convention a proposés, et d'autant mieux, que j'aurois même suppléé à ces écoles pour la plus grande partie de la Nation, qui habite les campagnes, et que nos grands politiques n'apperçoivent jamais ; parce que, là, comme dit Rousseau, il n'y a *ni pensions, ni académies, ni diners.*

L'effet de ma méthode méchanique d'éducation seroit donc le même que celui que Voltaire attribue encore aujourd'hui aux *ressots de sagesse* imaginés à la Chine depuis deux mille ans par Confucius, et mes ressorts en sont réellement.

La matrice d'un de mes jeux artistes, pour en rendre le prix moins coûteux, reviendroit moins à la République que les émolumens de deux ou trois pédaguogues des deux mille de l'École Normale, envain établie pour propager aux Instituteurs une maniere uniforme d'instruire. Mes instrumens propres à l'instruction, donnent cette plus exacte uniformité, et leur acquisition avec celle de la petite Bibliotheque Patriotique qui acheve leur enseignement, soit pour la jeunesse ou pour répandre des lumieres chez les hommes qui en manquent en général, une fois faite dans une Commune ou entre quelques particuliers, deviendroit une source infinie de bien et de bonheur, en formant incessamment le meilleur Esprit National. C'est ce que feroient sur-tout mes modeles d'écriture de mes extraits de Doctrine, Exemples et Prieres de la Bible, en formant pour chaque Citoyen un moyen méchanique d'instruction morale et civique la plus parfaite, enseignant à la fois à bien écrire, à bien parler et à bien agir. Mes moules de plans en relief d'agriculture, d'architecture et de méchanique seroient pour tous les citoyens des vrais *ressorts* de génie, de talens, d'activité et de vertu.

Cependant la Convention distribue des cent mille écus à des Instituteurs pour d'établissemens d'écoles vulgaires, et de mille écus à des maîtres de mathématiques dans l'École de Liancourt ; et depuis le tems que je la sollicite sans discontinuer de prendre part à la construction de mes instrumens d'éducation, qui suppléent à tous les maîtres et à toutes les écoles, elle n'a fait aucune mention de mon plan, qui anéantiroit, par sa liberté, l'esprit de toute servitude et d'aristocratie dans notre postérité, et contribueroit peut-être le plus dans l'instant à affranchir les ames de tous les Citoyens de leur ancien goût pour l'esclavage ; car la liberté et les vertus et les lumieres sont l'aliment les unes des autres.

Bazedbw, qu'élève Mirabeau dans mon épigraphe, comme il m'éleva moi-même par ses embrassemens, en voyant ma méthode supérieure à celle de l'Instituteur Allemand, fut aussi malheureux que moi au commencement de son projet pour la construction de ses planches d'estampes et l'établissement d'une Ecole pour son institution. Le public et les princes d'Allemagne répugnoient à recevoir un nouvel institut ; ils craignoient en partie de nuire aux anciens, et ne se sentoient pas la générosité de faire pour le génie ce qu'ils faisoient tous les jours pour un actrice, pour un castrat célebres, ou pour l'acquisition d'un vieux tableau.

La grande maxime de ma méthode a été pourtant déclarée sous les yeux de la Convention dans l'École Normale, par le citoyen Sicard, professeur de l'art de la parole et successeur du citoyen Lépée dans l'institution des muets et sourds. *C'est pour les enfans des Ecoles primaires que je parle*, dit-il ; *souvenez-vous bien que vous n'enseignerez que ce que vous n'enseignerez pas, c'est-à-dire, que vos éleves n'apprendront jamais que ce qu'ils apprendront eux-mêmes. Je ne commence ni par des lettres, ni par des syllabes à montrer à lire. Je commence à présenter à un enfant sourd des objets ; je les lui fait regarder. Quand je lui ai fait regarder les objets, je les lui dessine : voilà la premiere écriture. Du dessein nous passons aux lettres, qui recevront une valeur égale à celle que le dessein recevoit de l'objet.*

Voilà la méthode du Nouveau Systême de Lecture imaginée ni par Sicard, ni même par Lepée, mais par Berthaud, au grand applaudissement de l'Académie Française, il y a quarante ans, et peut-être par Quintilien dans son Institution. Je l'avois notée, d'après l'inspiration de la nature, dans les rêveries qui suivirent les jeux de mon enfance, et je l'avois consacrée long-temps après dans ma Communauté Philosophe, en la comparant avec celle de M. de Lepée, que je vis simplement annoncée sans aucune explication, en affirmant : » Nos plans devant se rencontrer égaux, si le mien est bon, la philosophie ne pouvant s'exprimer autrement que la nature expliquée à des sourds, pourquoi la bonté du Roi touchée en faveur de cette portion du genre humain qui sembloit être condamnée à ignorer pour toujours les avantages et les plaisirs que donnent aux autres hommes les organes de l'ouie et de la parole, n'ordonneroit-il pas par une même loi l'exécution de nos deux méthodes, fondées sur un même systême ? L'humanité de notre Monarque étant encore plus intéressée que la plus grande partie de ses sujets ne tombent point dans ces deux tristes états dont elle veut retirer les sourds et les muets de naissance, en faisant qu'une éducation embrouillée et indigeste, ne rende point tel l'entendement de ceux qui ont l'usage de leurs oreilles et de leur langue : éducation si étrange à l'homme, qu'elle aveugle encore leurs ames, et *ôte pour l'ordinaire à leurs cœurs jusques au sentiment du tact.* »

C'est pourquoi je prétends avec Montaigne, Rousseau et Mirabeau, que les Eleves *fassent leurs leçons et non qu'ils les sachent* : ce que le citoyen Gerardin, l'illustre ami de J. J. et Président de l'Assemblée Nationale a approuvé, en m'écrivant : » la lecture de votre Réglement d'Éducation m'a inspiré d'autant plus d'intérêt qu'on y retrouve par-tout l'application des principes de l'immortel Rousseau : aussi je ne doute pas que l'Assemblée Nationale ne s'empresse d'applaudir à votre civisme et aux lumieres dont votre ouvrage est le fruit. » Le citoyen de Saint-Pierre m'a loué d'avoir dit et prouvé que l'*Education doit être le plus ingénieux des arts, puisqu'elle les renferme tous.*

FIN

De la II.e Institution.

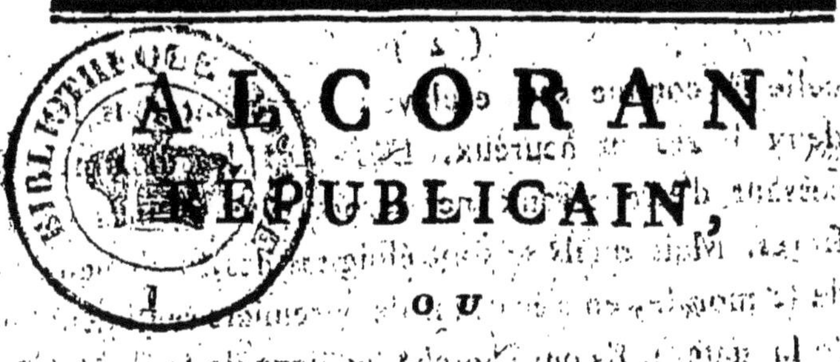

ALCORAN RÉPUBLICAIN,

OU

INSTITUTIONS FONDAMENTALES

Du Gouvernement populaire ou *légitime*.

Troisieme Institution.

Le Mariage.

[» Les Italiennes jouissent d'une grande liberté : elles peuvent voir les hommes à travers certaines fenêtres, qu'on nomme jalousies ; elles peuvent sortir tous les jours avec quelques vieilles qui les accompagnent ; elles n'ont qu'un voile, au lieu que les Persannes en ont quatre ; leurs beaux-freres, leurs oncles, leurs neveux peuvent les voir sans que le mari s'en formalise presque jamais. »

Lett. Pers]

LA contrainte des femmes dans tous les pays prétendus civilisés sur la jouissance de leur sexe, annonce dans le mariage une violation de leurs droits incompatible avec l'âge de la liberté où nous vivons. Non, il ne faut plus qu'une femme regarde un homme comme son geolier, son tyran ni son maître : alors celui-ci ne redoutera plus

A

celle-là comme son esclave ; ils seront tous les deux libres et heureux. Dès-lors les hommes cessant d'être rivaux ne seront plus qu'amis et freres. Mais qu'ils se sont éloignés des fondemens de la morale, en s'écartant des premiers sentimens de la nature. Ils ont cherché les liens de la société dans des erreurs périssables et funestes. Si l'homme avoit besoin d'illusion pour vivre en paix avec l'homme, que ne les prenoit-il dans les plus délicieux penchans de son cœur. Telle est l'inscription du Ballet d'Amour Conjugal de ma *Communauté philosophe*, plan de vie formé d'après les principes et les exemples de *l'Histoire philosophique*, dont elle est le roman.

Pour moi, j'ai découvert le véritable lien de la société dans le moyen de jouir véritablement de l'amour entre les deux sexes qu'on avoit ineptement et farouchement borné à la société de deux individus ; mais en detruisant cette exclusion triste et sévere pour chaque sexe, je leur rends à chacun l'amitié que cette loi barbare altéroit sans cesse. Ainsi je rétablis les loix de l'ordre, de l'union et de la liberté conforme à notre instinct et à notre bonheur, que d'autres fondées uniquement sur les passions déréglées de l'orgueil et de l'intérêt personnel avoient renversées. En effet, il n'y a qu'à examiner la constitution naturelle, mais différente des deux sexes, pour juger du véritable contrat d'union qui doit en résulter, si différent de celui établi sur nos vices et nos préjugés.

La nature a donné au beau sexe, avec les graces nécessaires à cet objet, plus de faculté qu'à nous pour jouir de l'union maritale; néanmoins dans certains tems ces graces pâlissent comme l'astre de la nuit, indication non équivoque de la cessation de leur effet; la nature lui devoit donc des compensations pour cette interruption désagréable; car elle est juste.

D'autre part, chacun connoît la borne unique de la faculté virile dans un jour. Mais l'auteur de la nature, pour faire servir à ses vues principales d'union et de félicité du Genre-humain cette inégalité de tempérament des deux sexes, et afin que les hommes pussent satisfaire à la disposition supérieure des femmes à l'amour en certain tems, a assujeti celles-ci en d'autres à des impuissances soit périodiques, soit accidentelles, soit enfin pour la moitié du reste de leur vie afin qu'il y eût dans ces cas plusieurs hommes pour le moindre nombre des femmes qui ne s'y trouvent pas; en supposant, comme il est assez prouvé, l'égalité numérique des sexes, égalité qui, sans autre réflexion, a servi de base au contrat accoutumé du mariage, depuis le romancier Moyse, jusqu'au romanesque J. Jacques.

Par des mariages formés au contraire par des associations de six couples, comme je suppose en raison que le Créateur avoit établi au commencement des choses le geure humains, je rétablis la premiere loi de la nature et la base nécessaire de la communauté de vie si inhérente à notre instinct social pour nos besoins, nos plaisirs, nos talens, nos vertus, et pour les graces particulieres de chaque sexe si nécessaires à leur union générale et particuliere. Telle est la démonstration mathématique et physique de toute la morale et de la politique. C'est bien le cas d'appliquer à la découverte de cette heureuse loi ce que dit Montaigne : qu'il n'est rien à quoi il semble que la nature nous ait plus acheminés qu'à la société ; et ce que disoit Aristote, que les bons Législateurs ont eu plus de soin de l'amitié que de la justice, car le dernier point de sa perfection est celui-ci :

Oh! quelle félicité dans ces nouvelles sociétés matrimoniales que je propose par ce régime de plaisir! Oh! que ma maison Patriarchale de *Généralif*, ou lieu de danse, de plaisir et d'amour, seroit bien nommée (*)! La gaieté des gens amou-

(*) Quant à présent voici ce que m'en écrit un ami: *Je vois votre maison pleine de mœurs, de gaieté, de tendresse, de piété, livrée à tous les sentimens honnêtes, et qui font l'honneur comme la félicité de la terre.*

reux si bien disposés, seroit entr'eux l'effet le plus heureux, tant sur leur esprit que sur leur corps; leurs plaisirs communs les vivifieroient et les renouvelleroient sans cesse. Ils vérifieroient par l'intimité de leur regle, les prodiges de santé, de force et de longue vie, racontés par Venete et par Hermipus, à l'honneur de l'amour et d'une intime union des cœurs et des corps. Je ne parle point ici des avantages de la fortune promis à la concorde humaine et fraternelle par la Sagesse Divine, ni de ceux particuliers ou mutuels des graces chez les deux sexes, ni de ceux de l'esprit et du génie dans des Communautés ainsi unies: ce seroit là la décuplation des valeurs humaines en tout genre, sans compter la plus grande multiplication de l'espece.

D'après ces vues, je voudrois que ces heureux époux fissent une fête de leurs plaisirs réglés, sinon de tous les instans comme à Taïti, mais de chaque soir dans un temple consacré au vrai amour conjugal, que Bossuet regrettoit qu'on n'eût jamais élevé à Athenes. Là, dans un déshabillé fait pour les graces, les femmes et les hommes se rendroient à l'autel d'hymenée, comme autant de Paris et d'Helenes, ou plutôt comme autant d'Anaïs avec ses deux hommes divins pour réaliser l'imagination naturelle du paradis de

Mahomet, de Montesquieu. Mais j'ai perfectionné même cette jouissance, d'après une idée de Catulle, par deux canapés en vis-à-vis, qui contiendroient nos fortunés couples, puisque

Catulle assis en face de Lesbie,
Autant et plus heureux qu'un Dieu
Du plaisir de la voir, de celui de l'entendre
Est surpassé par moi dans ces sieges d'un Dieu. (*)

En effet, ces sophas traduisent en même tems les sensations de l'amoureuse Sapho et celle de Catulle pour Lesbie dont les vers de l'un ne sont qu'une imitation de ceux de la premiere, et toutes les traductions de nos poëtes, que de froides copies en comparaison du sens littéral de ces vers si bien rendu par l'effet de mes canapés.

» Celui-là me paroît être un Dieu, et si j'ose le dire les surpasse tous, qui assis vis-à-vis de toi te regarde et t'écoute quand tu m'entretiens amoureusement. C'est qu'elle me ravit tous les sens à moi misérable! Oui, dès que je t'ai regardée, Lesbie, je ne vois plus mon égal. Que dis-je! je suis fou. Alors ma langue ne peut plus se mouvoir, un feu m'embrase tout le corps, je n'entends plus qu'un tintement dans mes oreilles, et mes yeux se couvrent d'un nuage. »

(*) Les Trépieds d'or, dans l'Olimpe, devoient avoir le même usage entre les Dieux et les Déesses.

A la description de cette pratique charmante journaliere des lois de l'amour et des droits des deux sexes, je dois joindre une observation de Montesquieu sur *le goût*, qui le constate : » La loi des deux sexes, dit-il, a établi parmi les nations policées et sauvages, que les hommes demanderoient et que les femmes ne feroient qu'accorder : c'est pour cela que les graces sont plus particuliérement attachées aux femmes. Comme elles ont tout à accorder, elles ont tout à cacher ; la moindre parole, le moindre geste, tout ce qui sans choquer le premier devoir se montre en elles, tout ce qui se met en liberté devient une grace ; et telle est la sagesse de la nature, que ce qui ne seroit rien sans la loi de la pudeur, devient d'un prix infini depuis cette heureuse loi qui fait le bonheur de l'univers. » L'observation de cette loi, gardienne du bonheur de nos époux pendant le jour, le sera aussi par l'exemple des mœurs de leurs enfans, autre usage de cette loi de la nature, tant pour la conservation que pour la reproduction de ses créatures.

En vous découvrant, ô Humains ! ces moyens simples d'être heureux, en étant vrais amans et amis sinceres, je vous délivre de toutes les angoisses de l'amour et des ses excès ; je vous place dans l'Arcadie et dans l'Atlantide où l'on suivoit les premieres lois de la nature. J'assure par là votre santé, votre vie et votre bonheur, en mettant en même tems par la regle de l'amour et par la communauté de vie qui s'ensuit, un frein à l'avarice et à la volupté si cruelles. Délivrés de toute ambition et de toute jalousie, vous êtes heureux même encore du bonheur d'autrui [les plus ordinaires tourmens de la société,] en le partageant et en étant les témoins : ainsi la loi du Sauveur des hommes qui n'est autre que celle de leur Créateur, ne prêche jamais qu'amour à la terre étonnée.

La liberté de cette véritable union des deux sexes, ordonnée par la nature même, n'est point défendue par notre constitution républicaine. Si elle a mis des bornes à notre ancien joug dénaturé du mariage, c'est pour empêcher l'homme de devenir barbare envers son propre sang, mais son dessein n'a jamais été de prohiber l'amour ni la communauté de vie, but suprême de ses justes lois. Les Gallois les plus humains des peuples, dit Cesar, liv. V. avoient les mêmes mœurs des Gaulois, et leurs épouses étoient communes dans leurs sociétés particulieres de dix ou douze personnes composées toutes de parens. Les Cannibales dont l'exemple ne sera pas de trop à notre Europe dénaturée, s'entrapellent entre eux de droit et de fait tous les égaux en âge, *freres*, les vieux *peres*.

et les jeunes *enfans*, dit le bon Montaigne, à cause de cette consanguinité et promiscuité de leurs mariages et vie.

Peut-être que suivant la considération de Platon pour l'établissement d'une parfaite République, nous avons été trop mal élevés pour en former de pareilles aux communautés que je viens de proposer, et que j'avois jadis encore plus mal-à-propos proposée en 1777, quoique je l'eusse prévu dans la préface de mon *Projet de Communauté Philosophe*; mais aujourd'hui, avec nos lumieres acquises par la révolution, et avec la bonne volonté de quelques-uns, nous pouvons en former bientôt de semblables de nos enfans, comme je viens d'y inviter à mon particulier des peres de famille par le Prospectus d'une Ecole d'Education champêtre, modele de vie patriarchale à établir dans ma campagne sous mon inspection et celle d'un excellent jardinier, afin d'accomplir par-là ce que promet l'épigraphe de l'annonce de ce nouveau et seul vrai Lycée :

De nos cultivateurs viens donc guider les mains,
Et commence par eux le bonheur des humains.

Cette éducation pratique, suivant mon systême méchanique d'éducation, est celle qui habitue le mieux à des idées exactes. Elle est la plus digne d'éleves libres qu'on veut former à la nature. Cette étude des faits et par les sens est la premiere qui convienne à tout le monde.

L'on a vu que l'observance de mon institution naturelle opéreroit ce que n'ont pu jusqu'ici les sciences réunies de la morale et de la politique, en nécessitant l'esprit d'amitié et de fraternité particuliere et générale. Elle feroit un peuple d'amans des deux moitiés du Genre-humain, de vrais amis de chacune d'elles et de tous, une vraie famille, cela par l'ascendant de notre besoin le plus vif, qui jusqu'ici est cause de notre tourment habituel et quelquefois aussi de nos plus grands malheurs. Elle effectueroit ce que notre constitution n'a encore fait, la liberté de la moitié du genre humain la plus cruellement enchaînée par l'autre qui, pour en faire sa propriété, s'est privée d'en jouir la moitié du tems, et le reste en est par une juste représailles, toujours tourmenté ou déshonorée ; *car les maris sont plus malheureux que les autres hommes, on les déshonore sans avoir même de mauvaises raisons pour les déshonorer*, disoient Venus et Vulcain, en discourant sur la scene qu'ils donnerent aux Dieux de la plus sotte des Institutions du Genre-humain, toutes uniquement propres à le rendre victime des rois, des maris, des pédans et des prêtres, mais dont les miennes le délivre. A cette idée, il me semble de voir les époux et les épouses, les enfans et le peuple, s'écrier envers moi comme la More, la Négresse et ses Concitoyens autour de Franklin*: *nous libres*, *moi libre*, *moi libre aussi*; les petits enfans me remercier par leurs transports de joie, d'avoir mis à leur portée la maxime de Rousseau, que *le roman de Robinson fut à la fois leur amusement et leur instruction*, et tous les autres la pratique des Droits de l'Homme.

FIN

De la III.e Institution.

mais dont les [illegible] la délivre. A cette idée il me semble de voir les époux et les épouses, les enfans et le peuple, s'écrier envers moi comme la Mère, la Négresse et ses Concitoyens autour de Franklin : nous sommes libres, mot libre sacré ; les petits enfans me remercier par leurs transports de joie d'avoir mis à leur portée la maxime de Rousseau, que le roman de Robinson fût d'abord leur amusement et leur instruction ; et tous les autres la pratique des Droits de l'Homme.

FIN

[illegible] De la III.e Institution.

ALCORAN RÉPUBLICAIN,

OU

INSTITUTIONS FONDAMENTALES

Du Gouvernement populaire ou *légitime.*

Quatrieme Institution.

La Religion.

[Les Espagnols qu'on ne brûle pas, paroissent si attachés à l'Inquisition, qu'il y auroit de la mauvaise humeur de la leur ôter. Je voudrois seulement qu'on en établit une autre, non pas contre les hérétiques, mais contre les hérésiarques qui attribuent à de petites pratiques monacales la même efficacité qu'aux sept Sacremens; qui adorent tout ce qu'ils vénerent; et qui sont si dévots, qu'ils sont à peine Chrétiens.

Lett. Pers.]

LES anciens tenoient des lieux de plaisir à la porte des temples : quelle piété ne devoit pas être la leur, de ne vouloir apporter dans le saint lieu aucun desir qui pût les troubler ou les distraire dans leurs hommages à la divinité !

Ainsi mes institutions précédentes ayant réglé nos penchans les plus vifs pour l'amour et pour l'intérêt personnel, en les confondant avec un amour et un intérêt commun dans des sociétés réglées suivant la nature même de nos penchans, nous serons plus libres de rendre au souverain de la nature le culte que nous lui devons comme à la source et au principe de nos sages pensées, de nos bons sentimens et de nos heureuses Institutions.

C'est leur observance générale conforme aux lois de la nature, qu'on nomme à bon droit et véritablement *Religion* d'après son étimologie latine, en y ajoutant l'hommage particulier et public que nous devons en faire au Législateur Suprême, par des rites aussi simples que la pratique de ses lois est naturelle : car c'est une ruineuse instruction à toute police, dit Montaigne, et bien plus dommageable qu'ingénieuse et subtile, qui persuade au peuple, la religieuse créance suffire seule et sans les mœurs à contenter la Divine Justice. L'usage nous fait voir une distinction énorme entre la dévotion et la conscience.

C'est donc la religion qui est jointe à la connoissance et à la pratique de la loi naturelle que Ciceron souhaitoit qu'on répandît par-tout, en la séparant de la moindre trace de la superstition, que j'ai voulu présenter purement dans un extrait de la Doctrine, Exemples et Prieres de la Bible, dont j'ai déja donné la table et quelques chapitres dans mon Réglement d'Education Nationale pour être le Bréviaire le plus simple des Décades et le vrai cathéchisme du Citoyen, si les heureuses lois de la République sont conformes à celles que le Créateur grava dans le cœur de tous les hommes, et qui ont le plus éclaté dans la vie, ou les écrits des auteurs ou des acteurs des Livres Saints. J'ai destiné aussi encore ce recueil des traits divins de la sagesse à être l'Alphabet de l'homme dans tous les âges, puisqu'il est malheureusement si inconnu aujourd'hui, pour lui servir à la fois de modele de belle écriture et de bonne vie, en le faisant buriner en lettres de main.

La Bible est un vrai trésor de morale, suivant l'expression de Labretonne; ses leçons offrent autant de tableaux remplis des plus touchantes images qui seront rendues plus sensibles encore dans mon recueil par les belles figures de Mariller qui les accompagneront. L'abrégé de mes extraits les rend même plus frappantes, en resserrant les traits naïfs de leur style oriental, tellement qu'on ne peut en achever une lecture sans verser des larmes d'attendrissement.

Où trouver des Cathéchistes si pathétiques, si continuellement et si universellement présens que ce recueil à lire, à contempler et à copier? Voilà un des moyens méchaniques de mon Réglement d'Education que j'ai lieu de m'applaudir d'avoir recommandé pour enseigner généralement aux hommes la Morale, exécutrice de toutes les institutions, et pour les ramener à la nature qui est la religion du cœur pure, simple, sans faste et sans cérémonie, telle enfin, dit Bernardin de Saintpierre, qu'elle est si bien exprimée dans l'Ecriture.

J'ai donc pensé que la religion des Patriarches devoit être précisément celle de leurs descendans et sur-tout des Républicains; car c'est par elle que Jesus-Christ forma sa doctrine de l'égalité, de la fraternite et de l'amour; qu'il acquit lui-même un caractere divin, en se modelant surtout (par le principe de l'imitation de mon Institution de l'Education) sur les leçons d'un écrivain sacré de son nom, auteur de l'Ecclésiastique et sur l'exemple héroïque et saint du dernier roi des Juifs, Judas Machabée.

En rendant ainsi la religion individuelle pour son instruction et sa pratique, comme j'ai fait pour l'Institution de l'Education, je la rends véritablement universelle et publique ou nationale;

car ce n'est pas aux discours des Prédicateurs et des Pédagogues, ou à l'exécution des Législateurs qu'il faut confier les Institutions, mais au cœur et à l'esprit des citoyens : ce sont là les vrais monumens des lois et non la pierre ni le bronze.

Voilà le moyen de former bientôt un excellent esprit national. Ainsi dans la sage Athenes on inspiroit la vertu par des lectures publiques et solemnelles des chants du divin Homere. Gravez ces paroles que je vous dis dans vos cœurs et dans vos esprits, disoit le Législateur du peuple de Dieu; tenez-les attachées à vos mains et présentes à vos yeux pour vous en souvenir. Apprenez-les à vos enfans, afin qu'ils les méditent. Instruisez-les lorsque vous êtes assis en votre maison ou que vous marchez, lorsque vous vous couchez ou que vous vous levez. Ecrivez-les sur les poteaux et sur les portes de vos logis, afin que vos jours et ceux de vos enfans se multiplient dans la terre que le Seigneur a promis avec serment de donner à vos peres pour la posséder tant que le Ciel couvrira la terre. Ce commandement que je vous prescris aujourd'hui n'est ni au-dessus de vous ni loin de vous, continue le même Législateur en terminant ses lois, pour vous donner lieu de dire : qui de nous peut monter au Ciel pour nous apporter ce commandement, afin que l'ayant entendu, nous l'accomplissions par nos œuvres? Il n'est point aussi au-delà de la mer pour vous donner lieu de vous excuser, en disant : qui de nous pourra passer la mer pour l'apporter jusqu'à nous, afin que l'ayant entendu, nous puissions faire ce qu'on nous ordonne? Mais ce commandement est tout proche de vous; il est dans votre bouche et dans votre cœur afin que vous l'accomplissiez.

Rousseau avoit donc raison de dire que la Bible devroit être la base de nos connoissances, et nos anarchistes qu'ils n'en vouloient plus. Aussi bien l'Auteur de la Nouvelle Heloïse fait parler à cette bonne mere d'un recueil de l'Ecriture-Sainte qu'elle avoit fait pour ses enfans et que j'ai exécuté pour le rendre propre à l'instruction de tous les âges et à la pratique de la piété, fruit le plus glorieux et le plus doux du sentiment et de la raison, puisque *la religion est*, selon Descartes, *la grande fin de la philosophie*.

APPROBATION

De cet Ouvrage et de notre Révolution;

Par VOLTAIRE.

LE partage du *brave homme* est d'expliquer librement ses pensées, de pouvoir tout imprimer sur le Gouvernement et sur la Religion.

Qui garde le silence sur ces deux objets, qui n'ose regarder fixément *ces deux pôles de la vie humaine* (*), n'est qu'un lâche. Si nous n'avions pas su écrire, nous aurions été opprimés par Jacques II et par son Chancelier Jeffreys, et Milord de Kenterbury nous feroit donner le fouet à la porte de sa Cathédrale. Notre plume fut notre premiere arme contre la tyrannie, et notre épée la seconde.

L'A. B. C. Dial. entre un Lord
et un Bourgeois de Paris.

(*) *Ses deux hémispheres en sont l'*ÉDUCATION ET LE MARIAGE.

CARACTERE DU BRAVE HOMME.

Quel est l'homme qui craint le Seigneur? C'est celui qui a choisi la loi qu'il lui a établie pour sa conduite. *Quis est homo qui timet Dominum? Legem statuit ei in via quam elegit.* Ps. 24.

FIN

De l'Alcoran Républicain.

» Il est donc vrai que si les Peuples
» pouvoient s'entendre, ils formeroient
» les mêmes vœux ! Ils réuniroient leurs
» efforts pour la défense de la Paix et
» de la Liberté, seule véritable source
» de toutes les prospérités publiques et
» privées.

Réponse de MATHIEU, *Président de la Convention, aux Ambassadeurs Hollandais pour le Traité d'alliance, le 7 Prairial, an 3e.*

www.ingramcontent.com/pod-product-compliance
Ingram Content Group UK Ltd.
Pitfield, Milton Keynes, MK11 3LW, UK
UKHW020427230726
13925UKWH00004B/1640